AF599737

La península del ojo

Emilio José Montaño López

Aliarediciones

Corrección: Inés González Calo
Diseño de cubierta: Mónica Morales
Maquetación: Aliar Ediciones

Depósito Legal: GR 1368-2025
ISBN: 979-13-87823-84-9

Impreso en España

Edita
ALIAR Ediciones
www.aliarediciones.es
info@aliarediciones.es

La península del ojo

Emilio José Montaño López

I

La realidad

LA REALIDAD

La realidad
oculta el jilguero
de la media tarde
con un sentimiento
de fracaso.

No la entiendo.

Me dicen que consulte
a los técnicos que tratan asuntos de penuria
con su vago sistema de cielos despejados.

Pero no funciona.

Así que aguanto lo que debo.
Lo que no se puede descifrar.
Como esa criatura de las profundidades
que se ajusta a la presión
para convertirse
en un amasijo de vísceras y armaduras
mientras teme al destello que baja del agua.

METAMORFOSIS EN LA PLAZA DE UN SER HUMANO EN PALOMA

La paloma desaparece.

Es enigma su reposo.

De la fuente nada brota
sino el agua de las dunas;
y en los jardines dorados
el aroma vaga preso
por la celda de sus flores.

Quien se sienta en su banco no desea ninguna estrella,
aunque invite el silencio,
aunque alguien la pida en la calle de sus ojos.

Se oye, de pronto, un zureo entre el ramaje.
Gira la cabeza. Comprende.
La peor condena es la que se aguarda.
Trepa al árbol. Piensa en las alturas.
Suplica el pan de las primeras luces.
Espera.
Porque en esa plaza, las palomas comen
con las sobras que te prepara la vida.

EL PAÍS

Me hago pobre con el tiempo,
hablo poco
y acerco mi aliento a las macetas
para ir acostumbrándome al olor de las tumbas.

Así está el país.

Eso sí, cenamos con un poco de luz para no parecer bestias.

NOTICIAS DE LA URBE

Las noticias mienten igual que un eclipse miente a las flores.

ODA A LA TELE

(OFF)
Ahí está.
Sin música.
El vacío.
No quiere nada.
Pero se ofrece.

(ON)
Aparta nuestro recuerdo.
Ocupa su lugar.
Lo guarda
                    en una caja azul
                                        que pinta
                                                    antes del amanecer.

(SCREEN)
Televisión de mi alma, yaces sobre la mesa
tan quieta como el olvido a orillas del amor:
perdida y libre, entre cadenas encendida,
a la distancia precisa en que un espejismo
nace y asombra.

Entre tanto desierto, ahí estás,
pirámide tumbada, haciendo de mis ojos
una momia que congela tu imagen
sobre las vendas de mi angustia.

Sin embargo, yo te creo
porque tus noticias tienen el remonte de las dunas
cuando se las lleva el viento, y me ciegan la vida,
y corren desde el dolor mientras un montículo de odio,
en cada esquina, grano a grano,
alza las columnas arenosas de los miedos, y me hundo
para creer en ti, televisión pura,
aunque tu sonrisa se estire como el fuelle
que se abre para extender la nostalgia,
bruna de claveles a la sombra de tu gloria.

Cualquier hora es buena
mas yo te deseo fuerte
cuando el kimono de la noche
descalabra al flaco sol del ocaso.

Sé que me pones a prueba,
que no quieres que te apague,
pero televisión del alma, aunque te deba mi silencio,
dime si es normal que la policía levante un cadáver
como si levantara el naipe elegido
al final de un truco de magia.

Dime si es cierto que el paro produce
meditaciones ligeras sobre esquemas peligrosos,
que te animas cuando hablas al azar
delante de los grafitis que alivian el derribo
de su color en la lluvia.

Pero no te preocupes, no voy a moverme,
si bien esta melancolía fuerza brillo en mi lágrima,
no me quejo, soy un estúpido;
y mi voluntad, la de todos los cobardes,
ignora la hierba de los caminos.
A tu vera, quieto, aquí resido,
como el olvido a orillas del amor perdido.

IMPOTENCIA

Cada noche
el deseo se dilata,
la inquietud te vence,
te quitas la ropa, te echas en la cama
y lloras, inocente, por algo de ambición.
Luego te incorporas y piensas:
«A los sonámbulos no les agradan sus propios sueños».
Empujas la puerta. No paras de andar.
No quieres detenerte y despiertas
ciego de odio, pero aún más cobarde,
rodeado de seres
                    en una inmensa madrugada.

EL FINAL DE LO QUE MIRO

Voces familiares
se disuelven en ácido
sobre un paisaje de fetos clavados
en la cúspide de las pirámides.
Figuras sustitutas
demuestran sus carencias afectivas
bajo la marquesina de los cielos.
El amigo imaginario
pasea por un campo híbrido
de olmos y carburos.
Seres vaciados
cavan.

Pero, también, dentro de mí,
un loco hace yoga entre avispas.
La leve oscilación de su idea
encrespa el agua
de mis tejidos corporales
y la sube hasta la boca
para colarse por la quiebra
de una palabra que signifique.

Es entonces
cuando mis ojos imaginan
el final de lo que miro.

II

El desengaño

TORMENTA

¡La lluvia!
¡La lluvia cae!
Su testamento de flores sobre la llanura sonora.
El resplandor de las sirenas.
El canto tibio al pie de los enfermos.

La lluvia curva La Tierra.
Se fractura como si dos esqueletos se tocaran.
Entre la breña y el relámpago:
el rostro, lo ambiguo, el vapor sonámbulo.

EL DESENGAÑO

Cuando te marchas, cuando no te toco,
te duplicas a mi lado,
no sé quién eres en la ausencia,
me das la crueldad desplomada junto a las estaciones,
me obligas a enterrar carneros moribundos,
se hace visible el veneno de la ortiga
tras el deshielo de tu cuerpo
cuando de mi lado te separas.

LENTITUD

A dónde irá

qué espesura
su mudanza eterna

a dónde se dirige

a dónde se preguntan
los desamparados

desde la llanura del estercolero
un futuro de moscas
también se pregunta
dónde está el cadáver
inminente de la lentitud

ATARDECER

El tono de mi voz,
acorde con la luz,
permite a las sombras
entrar en la conversación.

LA NIEBLA Y EL RÍO FANTASMA

La niebla cae sobre lo oscuro.
Se ondula entre las flores.
Se posa en las figuras.
Inventa los pájaros en su bosque
mientras poco a poco se desvanece.

Pero un río fantasma la ayuda.
Por la colina baja.
Un agua de otro mundo
que riega nuestra tierra
cuando no llega el rocío.

La lleva a cuestas
por escalones antiguos
y sombras de madera.
¿Dónde irán?
Se desnuda.
Ya queda poco.
El futuro.
Apenas silencio.

Sin embargo, aún vuelve la mirada
para soñar que después de ella.
Pudo haber luz.

LA CÁRCEL MÁS MODERNA DE ESPAÑA

I (el corazón)

A mí el corazón me lo sacaron
como se saca a un loco de la calle,
como se echa a un mono del circo
o se tira una estatua al mar.

Lo pusieron ahí.

Miradlo, tan cerca y tan distinto,
en un lugar diferente, en una posición macabra;
porque a mí el corazón me lo sacaron
y encima de su reflejo flota mi presidio,
la cárcel más moderna de españa:
un odio poliédrico que talla los mundos,
que destruye el día y el lago de rosas,
que expone mi abismo en escaparates obscenos,
fuera de mis costillas,
vertido en salitres digitales
que desaguan la luna
por tubos de espanto.

II (vis a vis)

Un jaleo tecnológico
lima el paisaje árido
cuando añoro el asedio
de tu alegría al mirarme,
pero el tono industrial
insiste por el fondo
que acoge este vacío
plegado sobre mí.

Apenas te recuerdo.

Confundo la esperanza
con la alta soledad
que pinta la ventana
de esas nubes morosas
que entreveran el tiempo
entre luces inciertas.

Poco más se divisa.
Acaso un sol,
restos de azul,

aves aisladas
y un espejo mellado
donde nunca apareces.

III (angustia)

Mi corazón
late a deshoras
con la noche abierta de par en par
mientras sueña
cómo dar a luz en el laberinto.

EL MÁS ALLÁ

Más allá de la cumbia del agua
en los azarbes, de los calveros
silentes y los meandros antiguos.

Más allá de la lluvia inerte,
de los rojos claveles confusos
que se ofrecen a un amor desierto.

Más allá de los suspiros blancos
de las tercas chimeneas agónicas
bajo el feroz universo extinto.

Más allá, por la hierba azul del grito
donde pacen las canciones serias
mientras oscila el pardo silencio
en un campo de ruidos fugaces.

Más allá, estoy yo, borroso,
como una intuición sin futuro.
Tan cegado que apenas distingo
el nombre de los amigos muertos
sobre la gran lápida del mundo.

MIS QUERIDOS MUERTOS

Mis queridos muertos
sazonan lo invisible
con falsa transparencia.

Tejen sus propias mascotas
con los pajarillos
que caen de la soga azul
de las malas nubes.

Tras sus quehaceres estáticos,
lamen hojas de otoño
para imaginar el sabor de la sangre.

El único miedo
es el rayo que busca tallos de cobre
en mitad de sus pensamientos.

Pero una visión se repite:

deambulan sobre un lago.
Su fina lámina vertical
roza la curva de las ondas.
Cuando por azar o emoción
están en el centro, se detienen.
Allí estiran su extremidad, y con el índice
dibujan un círculo sobre el sol del ocaso.

Segundos después,
se rasga el hojaldre de las aguas turbias,
y un remolino brillante los liba
hacia este mundo.

A veces, les entra un miedo creciente,
como cuando un vivo observa
las navajas bien ordenadas
de un mostrador enguatado en piel roja.

Pero otras sus rostros
se relajan dentro de la extrañeza.

El caso es que sienten que no están solos.
Un alivio.
Entonces inician una conversación
que trata de lo inesperado,
de lo frágil y sus consecuencias.
Vasos por el suelo, las sillas,
los cuadros de madre,
la ventana que pide aire
en nuestra discordia.
Da lo mismo, todo se eleva
y se mueve ligeramente
alrededor nuestro
para caer en lo mismo de siempre.

Pero ellos recogen los fragmentos.
De cada uno absorben la emoción de su desastre.
Después regresan al lado oculto,
resbalan por la soledad
y sonríen desde una tela
pintada de columnas
con luces que van y vienen
de su enigma a mi consuelo.

III

El final del viaje

EL MAR

Rueda.
Rueda su límite.
Rueda el mar
por una débil blancura
de cisne que se aleja.
Su amplitud, seda y péndulo,
rebosa por el roquedal y la aventura.

Qué júbilo esta atmósfera que no se ve
pero ofrece la visión de mis días.

Retumba la tierra. Se alzan las aves. Todo existe.
Esa es la verdad. El lado sincero de lo infinito.

EL COFRE DEL VIENTO NORTE
(Highlands)

Qué lleva el viento del Norte.
Quién lo pide.
Qué rayo lo bordea y cae.
En su testamento había pájaros para el cielo.

Si es una calle a lo sumo enreda y se agota,
pero si un valle lo requiere,
las grietas zumban bajo la sementera,
el fresno asusta a las serpientes
y las nubes sellan la claridad en la espesura.

Ahí viene.

Ha llegado a puerto
con las redes llenas de águilas.

El Norte.
El viento.
Por qué.

La puerta se abre.
Una habitación vacía.
Me asomo a la ventana.
Alguien se acerca.
Trae un cofre y pasa

el umbral.
Mis labios,
en vilo,
sostienen su llave.

EL FINAL DEL VIAJE

I

Miro las nubes.
Siguen intactas.
Aunque los muertos suben
como un pensamiento
acerca del vacío.

II

Bajo la lluvia
que moja a los cisnes,
entre la niebla que plagia
raros teatros en la arboleda,
asoma la puerta de la casa.

III

Tu recuerdo se pone en pie.
Se alza como un cuadro
frente al desastre.
Porque tu muerte, compañera,
me da un amor que no exige paseos.

IV

Si yo muriera,

miraría al cielo
agotarse,

bajaría a la claridad
del reencuentro.

Lejos,
viendo al cielo resistir,
si muriera,
con mis labios
apartaría la tierra de tu boca.

LA MUERTE

La muerte es un ángulo de visión.
Una galaxia mínima.

Una estrella
con la eternidad de excusa
para ser inexplicable.

La muerte.

Inclinada.

Por la gravitación anónima
de los que vienen.

Emilio Montaño.

Índice

*Este libro se terminó de editar en Granada
en septiembre de 2025 por*

Aliarediciones

www.aliarediciones.es
info@aliarediciones.es